Libellus

De simia Heidelbergensi

Das Märchen vom Heidelberger Affen

erzählt von Michael von Albrecht

erklärt von Michael Lobe

Ernst Klett Verlag
Stuttgart · Leipzig

Quellennachweis

Cover Alamy stock photo (Pocholo Calapre), Abingdon, Oxon; **4.1** Prof. Dr. Dr. h.c. Michael von Albrecht, Sandhausen; **5.1** Grombein, Heiner, Heidelberg; **11.1** Alamy stock photo (Artokoloro Quint Lox Limited), Abingdon, Oxon; **11.2** BPK (RMN - Grand Palais | Hervé Lewandowski), Berlin; **13.1** BPK (Münzkabinett, SMB), Berlin; **13.2** Aus: Fußball und Kirche – Sinnstiftung und Heimat v. Ulli Kulke, Die Welt vom 26.5.2017 (c) WeltN24 GmbH; **15.1** Grombein, Heiner, Heidelberg; **17.1** Grombein, Heiner, Heidelberg; **19.1** Getty Images (DEA / E. LESSING/De Agostini), München; **21.1** Grombein, Heiner, Heidelberg; **21.1** Theodor W. Adorno zitiert nach: Gerhard Schweppenhäuser: Theodor W. Adorno zur Einführung, Hamburg: Junius Verlag, 29, S. 86.; **25.1** aus: Abhängigkeit als Strategie von Frank Patalong, manager magazin 27.6.2008 © manager magazin Verlagsgesellschaft mbH; **27.1** Grombein, Heiner, Heidelberg; **27.1** MEV Verlag GmbH, Augsburg; **29.1** aus: Richard Münch, Globale Eliten, lokale Autoritäten. Bildung und Wissenschaft unter dem Regime von PISA, McKinsey & Co (c) Suhrkamp Verlag, Frankfurt a. M. 2009, S. 36.; **3.1** aus: Fitness mit Kollegen, von Tatjana Kimmel-Fichtner, DIE ZEIT vom 11.1.2012; **31.1** Thinkstock (David Woolley), München; **33.1** Aus: Manfred Edinger, Der Geist von Orlando, Blogeintrag vom 20.6.2016,; **35.1** Alamy stock photo (Pocholo Calapre), Abingdon, Oxon

Sollte es in einem Einzelfall nicht gelungen sein, den korrekten Rechteinhaber ausfindig zu machen, so werden berechtigte Ansprüche selbstverständlich im Rahmen der üblichen Regelungen abgegolten.

1. Auflage 1 5 4 3 2 1 | 22 21 20 19 18

Alle Drucke dieser Auflage sind unverändert und können im Unterricht nebeneinander verwendet werden. Die letzte Zahl bezeichnet das Jahr dieses Druckes.

Autor: Prof. Dr. Michael von Albrecht, Sandhausen; Dr. Michael Lobe, Bamberg
Redaktion: Christine Siegel

Layout: Jens-Peter Becker, Schwäbisch Gmünd
Illustrationen: Heiner Grombein, Heidelberg
Satz: Fotosatz Kaufmann, Stuttgart
Herstellung: Thomas Gremmelspacher
Druck: Medienhaus Plump GmbH, Rheinbreitbach

Printed in Germany
ISBN 978-3-12-623191-6

9 783126 231916

Inhalt

Vorwort 4

Einleitung 5

1 Die Hauptfigur des Märchens 5
2 Weitere Figuren des Märchens 5
3 Der Inhalt des Märchens – ein kurzer Überblick 5

De simia Heidelbergensi 6

1 Brief an Freund Atticus 6
2 Drei Welten 8
3 Das Ungeheuer aus Stahl 10
4 Ein mysteriöser Kult 12
5 Weltsprache Latein 14
6 Ein merkwürdiges Liebespaar 16
7 Affe und Kuh 18
8 Eine glückliche Kuh? 20
9 Eine dumme Kuh? 22
10 In den Händen eines Ausbeuters 24
11 Kartenspiel mit dem Teufel 26
12 Die List des bösen Unternehmers 28
13 Die Gegenlist des Affen 30
14 Die Befreiung 32
15 Das Schlusswort des Affen 34

Vokabular 36

Der Grund- und Lernwortschatz in alphabetischer Reihenfolge 36

Vorwort

Aridus[1] grüßt seinen Simius, den Befreier.

Ob Du Dich noch an all die Geschichten erinnerst, die ich einst meinen Kindern über Dich erzählte? Vieles davon ist mir entschwunden. Umso leuchtender aber hat sich mir meine Begegnung mit Dir eingeprägt. Es war Anfang der achtziger Jahre auf einer Lehrerfortbildungstagung in Gaienhofen am Bodensee. In einer Mußestunde am Nachmittag saß ich mit meiner Frau Ruth auf einer Bank und wir genossen den Blick auf die sommerliche Seelandschaft. Da erschienst Du uns aus heiterem Himmel und diktiertest uns Deine Lebensgeschichte. Was Du uns damit geschenkt hast, begriffen wir erst, als Freund Valahfridus[2] ausrief, das sei kein übersetztes, sondern ein originales lateinisches Jugendbuch. Manches von dem, was Du sagtest, schien uns freilich utopisch. Und doch ist inzwischen vieles davon wahr geworden: angefangen mit dem Fall der Berliner Mauer, den man damals für ausgeschlossen hielt. Auch dass zwei Schüler oder Studenten lateinisch miteinander reden könnten, galt noch für unwahrscheinlich; heute ist es an einigen Orten Italiens, Belgiens, Frankreichs, Spaniens, Tschechiens, Polens, Finnlands, Russlands, Amerikas, Australiens und zum Teil auch in Deutschland etwas nahezu Alltägliches. Latein kommt wieder in Mode. Denn viele moderne Unternehmer denken inzwischen anders als jener Super-Boss und suchen gerade für führende Posten Persönlichkeiten mit umfassender Bildung. Was rätst Du ihnen zu lesen? Du hast zwar sieben Bücher geschrieben wie Caesar, der Eroberer Galliens, bist aber in der Sache des Friedens und der Menschenfreundlichkeit dem weisen Cicero nachgefolgt. So kann man hoffen, dass auch der von Dir prophezeite Weltfriede kein Märchen bleibt. Jedenfalls hast Du gut daran getan, Dich mit Felix und Candida zu verbünden. Die Welt gehört den jungen Menschen. Für sie hat mein lieber, hochgeschätzter Kollege und Freund, Dr. Michael Lobe, ein Lehrer, wie man ihn allen Lateinschülern wünschen möchte, unter der noblen Ägide des Klett-Verlags die vorliegende Ausgabe geschaffen, bei deren Lektüre die Freude vorprogrammiert ist. VALE!

[1] „Aridus" ist das selbst gewählte latinisierte Pseudonym des Autors Michael von Albrecht – hergeleitet von seinem Wohnort Sandhausen (lat. *arena, -ae f.*: der Sand).

[2] Mit dem latinisierten Vornamen „Valahfridus" ist der Freund des Autors, Lateinprofessor Wilfried Stroh gemeint.

Der Autor des Märchens

Michael von Albrecht wurde am 22.08.1933 in Stuttgart geboren. Nach seinem Staatsexamen an der Musikhochschule in Stuttgart 1955 studierte er in Tübingen und Paris Klassische Philologie und Indologie. In Tübingen legte er das Staatsexamen in Latein und Griechisch ab, wurde 1959 zum Doktor der Philosophie promoviert und 1963 zum Dozenten habilitiert. Von 1964 bis 1998 war Michael von Albrecht Professor für Klassische Philologie an der Universität Heidelberg und hat einige Generationen von Lateinlehrern und Wissenschaftlern geprägt. Neben seiner Lehrtätigkeit ist er als Verfasser zahlreicher Standardwerke zur römischen Literatur hervorgetreten, u.a. zu Vergil, Ovid und zum Weiterwirken der lateinischen Literatur bis heute. Sein Monumentalwerk, die zweibändige „Geschichte der römischen Literatur", wurde sogar in acht Sprachen übersetzt. Als literarische Frucht einer vorlesungsfreien Zeit ist im Jahre 1989 sein lateinisches Märchen *de simia Heidelbergensi* entstanden, das hier in Auszügen vorliegt.

Einleitung

1 Die Hauptfigur des Märchens

Titelgebende Hauptfigur des Märchens ist der sog. „Heidelberger Brückenaffe". Dabei handelt es sich um eine früher steinerne, jetzt bronzene Nachbildung eines Affen, die jahrhundertelang und bis heute an der sog. „Alten Brücke" in Heidelberg zu sehen und gewissermaßen zu einem Wahrzeichen der Stadt geworden ist. Im Märchen gibt ihm der Autor den Namen Lucius, und damit hat es eine besondere Bewandtnis: Der Affe ist die Wiedergeburt einer fiktiven Figur aus der Antike, die der römische Schriftsteller Apuleius (125–180 n. Chr.) zur Hauptfigur seines Romans mit dem Titel ‚Metamorphosen' (Verwandlungen) gemacht hat. Lucius war bei Apuleius ein junger Mann, dessen übergroße Neugier (*curiositas*) für magische Praktiken dazu geführt hat, dass er in einen Esel verwandelt wurde und als solcher überall auf der Welt etliche Abenteuer erlebte, bis er durch die ägyptische Göttin Isis wieder in einen Menschen rückverwandelt wurde und so seine Erlösung fand. Michael von Albrecht lässt Lucius als nach dem Tod im Himmel weiterlebende Seele in der ihm üblichen Neugier auf die Geschehnisse der modernen Zeit herabblicken und sich sehnlichst eine Rückkehr auf die Erde wünschen. In Gestalt eines Affen kehrt Lucius tatsächlich als Bote aus der antiken Welt in die moderne Gegenwart zurück und erlebt wieder zahlreiche Abenteuer auf der Erde. Dies bleibt für alle Beteiligten nicht ohne Konsequenzen …

2 Weitere Figuren des Märchens

Weitere wichtige Figuren des Märchens sind Felix und Candida, beides Studenten der lateinischen Sprache und ineinander verliebt. Als Candida trotz bester Noten keine Anstellung als Lateinlehrerin erhält, nimmt sie eine Arbeit als PC-Fachkraft bei einem mächtigen und skrupellosen Computerunternehmer an, die ihr und ihren Kollegen wenig Freude macht. Hier kommt der Affe Lucius ins Spiel …

3 Der Inhalt des Märchens – ein kurzer Überblick

Das Märchen besteht aus sieben Kapiteln („Büchern") – eine für Märchen übrigens typische Symbolzahl. Das erste Kapitel zeigt den Lucius, wie er in den himmlischen Gefilden mit vielen Philosophen der Antike, u.a. Epikur und Platon, darüber diskutiert, ob und in welcher Gestalt er auf die Erde zurückkehren soll. Im zweiten Kapitel findet er sich, ausgestattet mit bayrischer Lederhose und Seppelhut, im modernen Rom wieder, wo ihm etliches im Vergleich zum antiken Rom spanisch vorkommt. Im dritten Kapitel weilt er in Augsburg, wo er schnell die deutsche Sprache erlernt, bevor er in den Wäldern oberhalb der Universitätsstadt Heidelberg das dort studierende Liebespaar Felix und Candida kennenlernt. Im vierten Kapitel zieht es ihn auf das Land und er macht Bekanntschaft mit einer Kuh, die ihm ihre Lebensphilosophie erklärt. Im fünften Kapitel kehrt Lucius nach Heidelberg zurück, wo er erfahren muss, dass Candida fast wie eine Sklavin bei dem bösen Firmeninhaber arbeiten muss. Zusammen mit Felix knobelt er einen Plan zu ihrer Rettung aus. Das sechste Kapitel zeigt Felix im Kartenspiel mit dem Computerunternehmer – der Spieleinsatz ist nichts Geringeres als das Schicksal Candidas. Das siebte Kapitel schließlich stellt das große Finale dar, auf das ihr gespannt sein dürft. Viel Vergnügen beim Lesen!

De simia Heidelbergensi

1 Brief an Freund Atticus

Lucius berichtet seinem Freund Atticus in Briefform über sein zweites Leben als in die moderne Welt zurückgekehrter Affe. Er zweifelt zunächst, ob er diese Erinnerungen überhaupt schriftlich festhalten soll. Übrigens: Bei Atticus handelt es sich um den Freund und Verleger des berühmten römischen Redners Cicero – beide lebten im 1. Jh. v. Chr.

SPRACHLICHE UND INHALTLICHE VORERSCHLIEẞUNG

1 Informiere dich über die Eingangsformeln lateinischer Briefe.

Liber 1, cap. 1

L. Simius Liberator Attico s.

Diu multumque dubitavi, mi[1] Attice, facturusne operae pretium essem, si memoriam[2] vitae meae proderem; nuper[3] vero cunctis hominum ceterorumque animalium suffragiis SIMIUS LIBERATOR consalutatus adesse tempus, quo Iulii Caesaris exemplo commentarios scriberem, sensi.

sīmius, -ī *m.*: der Affe
-ne: *hier:* ob
operae pretium facere: sich ein Verdienst erwerben
suffrāgium, -ī *n.*: die Abstimmung, die Stimme
cōnsalūtāre: laut begrüßen
commentārius -ī *m.*: das Notizbuch, das Tagebuch

1 mī: *Vokativ zu* meus – Attice: *Vokativ zu* Atticus. T. Pompōnius Atticus (109 – 32 v. Chr.), Verleger und Freund Ciceros – 2 memoria vītae: *Gen. obiectivus* – 3 *ordne:* nūper vērō cunctīs (...) suffrāgiīs SIMIUS LiBERATOR cōnsalūtātus sēnsī adesse tempus, quō ... scrīberem

GRUND- UND LERNWORTSCHATZ

diū *Adv.*	lange
dubitāre	zögern, zweifeln
memoria, -ae *f.*	die Erinnerung
prōdere, prodō, prodidi, proditum	überliefern, hinterlassen
nūper *Adv.*	neulich
vērō *Adv.*	aber
exemplum, -i *n.*	das Beispiel

ANALYSE UND INTERPRETATION

2 Erkläre am Text, woran du die Gattung „Brief" erkennst.
3 Arbeite aus dem Text das schriftstellerische Vorhaben des Affen heraus und nenne den Grund, weshalb er sich letztlich dazu entschließt.
4 Gib aus dem Text das vom Affen selbst genannte Vorbild an.
5 Diskutiert nach der Lektüre beider Infokästen, wie ihr die Selbstdarstellung des Affen bewertet.

Die commentarii des Julius Cäsar

Julius Cäsar (100 – 43 v. Chr.) war ein bedeutender römischer Feldherr und Politiker. Besonders bekannt ist sein Werk *De bello Gallico*, in dem er beschreibt, wie er Gallien erobert und zur römischen Provinz gemacht hat. Sein Trick dabei ist es, die anspruchslose Gattung des sog. *commentarius* (soviel wie „Notizbüchlein") zu benutzen und so den Eindruck zu erwecken, als sei das Niedergeschriebene eilig aufs Blatt geworfen. Tatsächlich hat Cäsar die Darstellung der Kriegsereignisse wohldurchdacht und ausgefeilt dargestellt: Indem er z.B. von sich in der dritten Person spricht (Cäsar befahl ...), tut er so, als berichte ein Unbeteiligter objektiv und distanziert. Darüber hinaus bauscht er Gefahren und Truppenstärken von Gegnern auf, um die Leistung des eigenen Heers besser aussehen zu lassen, streift Niederlagen nur am Rande oder lässt eigene Fehlentscheidungen unter den Tisch fallen. Besonders ausführlich berichtet er hingegen über seine erfolgreich verlaufenen militärischen Aktionen, die ihn als überlegenen, besonnenen und mutigen Strategen erscheinen lassen. Mit dieser manipulativen Methode war er erfolgreich: Mangels anderer Informationsquellen setzte sich seine Beschreibung des Krieges in Gallien durch und Jahr für Jahr bewilligten ihm Senat und Volk die nötigen finanziellen Mittel zur Fortführung dieses Krieges, mit dessen erfolgreichem Ausgang er sich als politische Größe in Rom profilieren konnte.

Facturusne operae pretium ...

Facturusne operae pretium sim si a primordio urbis res populi Romani perscripserim nec satis scio nec, si sciam, dicere ausim ... „Ob ich mir ein Verdienst erwerbe, wenn ich von Beginn an die Geschichte des römischen Volkes der Reihenfolge nach beschreiben werde, weiß ich nicht zur Genüge, und selbst, wenn ich es wüsste, wagte ich nicht, es zu behaupten ... So beginnt der römische Geschichtsschreiber Livius (59 v. Chr. – 17 n. Chr.) sein gewaltiges Werk über die Geschichte Roms mit dem Titel *Ab urbe condita* (Seit Gründung der Stadt Rom).

2 Drei Welten

Lucius beginnt seine Memoiren weitläufig, indem er zunächst einmal darlegt, in welche Teile die Weltbevölkerung zu untergliedern sei. Dabei zitiert er die berühmte Schrift Cäsars über den gallischen Krieg, in der dieser über die Einteilung Galliens schrieb.

SPRACHLICHE UND INHALTLICHE VORERSCHLIEßUNG

1 Stelle alle Wörter zusammen, die eine Aufzählung gliedern.

Liber 1, cap. 2

Est igitur Terra omnis divisa in partes tres, quarum una ad occidentem, alia ad orientem, tertia ad meridiem spectat. Ac[1] primam quidem incolunt, qui sibi miserrimi, ceteris beatissimi videntur esse, secundam, qui ipsorum lingua beati, nostra pauperes appellantur, tertiam, qui appellantur suntque pauperrimi. Quo[2] fit, ut homines partim beati esse possint, sua si norint bona, partim beati sint, dum videntes nihil cuncta credant, partim nequaquam beati esse possint, nisi a ceteris adiuventur. (...)

Haec[3] omnia quomodo perspexerim, fortasse scire cupis, praesertim cum tecum iam per tot saecula ab[4] omnibus mortalium curis liber in beatorum insulis – immo intermundiis – vixerim.

spectāre: *hier:* blicken nach, ausgerichtet sein nach
incolere, incolō, incoluī, incultum: bewohnen
nēquāquam *Adv.*: vergeblich
fortāsse *Adv.*: vielleicht
mortālēs, -ium *m.*: die Menschen
intermundium, -ī *n.*: die Zwischenwelt

1 *ordne:* Ac prīmam quidem (partem) incolunt ... – 2 *ordne:* Quō fit, ut hominēs partim beatī esse possint, si sua bona nō(ve)rint, (ut) partim beatī sint, dum nihil videntēs cuncta crēdant ...; quō fit, ut ...: daher kommt es, dass – 3 *ordne:* Fortāsse scīre cupis, quōmodo haec omnia perspēxerim, praesertim cum (...) in īnsulīs beātōrum vīxerim. – 4 *ordne:* līber ab omnibus cūrīs mortālium

GRUND- UND LERNWORTSCHATZ

occidens, -entis *m.*	der Westen
oriens, -entis *m.*	der Osten
merīdiēs, -ēī *m.*	der Süden
partim ... partim	teils ... teils
praesertim cum ...	besonders weil ja ...
saeculum, -i *m.*	das Jahrhundert
īmmō *Adv.*	im Gegenteil, ja sogar
vīvere, vīvō, vīxī, -	leben

ANALYSE UND INTERPRETATION

2 Vergleiche den ersten Satz des Textes mit dem Anfang von Cäsars Schrift (Infokasten 1) und stelle die Parallelen zusammen.

3 Beschreibe die Unterschiede zwischen beiden Texten.

4 Erkläre aus dem Text und Infokasten 2, in welche Teile der Affe die Welt aufteilt.

5 Arbeite aus dem Text heraus, wie sich die Bewohner jeden Weltteils selbst sehen.
6 Erschließe aus den Z. 12ff. und dem Infokasten 3, von wo aus der Affe seinen Brief schreibt.

Der berühmte Anfang von Cäsars Bellum Gallicum

Gallia est omnis divisa in partes tres, quarum unam incolunt Belgae, aliam Aquitani, tertiam, qui ipsorum lingua Celtae, nostra Galli appellantur.

Gallien ist insgesamt in drei Teile geteilt, deren einen die Belger bewohnen, den anderen die Aquitaner, den dritten, die in eigener Sprache „Kelten", in unserer Gallier genannt werden.

Hi omnes lingua, institutis, legibus inter se differunt.

Diese alle unterscheiden sich in Sprache, Gewohnheiten und Gesetzen untereinander.

Der kalte Krieg und die Dritte Welt

Als Michael von Albrecht sein lateinisches Märchen über den Heidelberger Affen schrieb, herrschte politisch der sog. „Kalte Krieg". Gemeint war damit die ideologische, nicht aber mit militärischen Mitteln „heiß" geführte Auseinandersetzung zweier politischer Blöcke in West und Ost: Amerika und Westeuropa hielten den Kapitalismus für das beste System, also die Idee einer freien Marktwirtschaft, in der jedes Unternehmen und jeder Einzelne mit anderen konkurrierte und der so entstandene Wettbewerb zu einer gerechten Verteilung der Einkommen führen sollte. Dabei stellten die demokratisch gewählten und jederzeit abwählbaren Politiker Rahmenbedingungen für alle Marktteilnehmer auf. Der sog. „Warschauer Pakt" unter Führung der UdSSR mit Osteuropa folgte dem Kommunismus, der eine von einer politischen Zentrale geführte Planwirtschaft ohne Wettbewerb und Konkurrenz bevorzugte und für alle Menschen gleiche Lebensbedingungen schaffen wollte. Der „Warschauer Pakt" brach 1990 auseinander; seitdem gilt der Kommunismus als gescheitert, und das westliche Wirtschaftsmodell hat auch in ehemals kommunistischen Staaten wie Russland und China Einzug gehalten.
Unter der „Dritten Welt" verstand man zu dieser Zeit die sog. „blockfreien" Staaten, die weder dem Westen noch dem Osten angehörten. Dies waren v.a. die ärmeren Entwicklungsländer des Südens, insbesondere Afrika und Südamerika.

Die Inseln der Seligen und die Intermundien

Bei den Inseln der Seligen handelt es sich um eine mythologische Vorstellung der Griechen, wonach die Seelen verstorbener guter Menschen nach ihrem Tod auf Inseln am westlichen Rand der Erde in Ruhe und Glückseligkeit weiterleben durften. Manche versetzten dieses Lichtreich auch in die Unterwelt und nannten es Elysium, soviel wie „Heimstatt der Erlösten". Intermundien sind „Zwischenwelten", in denen der griechische Philosoph Epikur (341–270 v. Chr.) die Götter leben ließ. Epikur wollte seinen Zeitgenossen die Angst vor dem Wirken der Götter und jeglichem Aberglauben nehmen, indem er behauptete, die Götter lebten in von der Erde weit abgelegenen Zwischenwelten, wo sie es sich gut gehen ließen und gar nicht um die Belange der Menschen kümmerten.

3 Das Ungeheuer aus Stahl

Bevor Lucius auf die Erde darf, muss er zur Insel der Zauberin Kirke, die einst die Gefährten des Odysseus mit einem Zaubertrank in Schweine verwandelt hatte. Sie gibt Lucius nur den halben Trank, so dass er in einen Affen verwandelt wird, und gibt ihm Kleidungsstücke mit, die ein ehemaliger Gast bei ihr vergessen hat. Mit bayrischer Lederhose und Seppelhut steht Lucius als Affe plötzlich mitten auf dem Petersplatz im modernen Rom. Als ein junger Mann ihn an die Leine zu legen sucht, springt der Affe auf ein ihm unbekanntes Ungeheuer auf . . .

SPRACHLICHE UND INHALTLICHE VORERSCHLIEẞUNG

1 Stelle alle Bezeichnungen für Tiere aus dem Text zusammen und kläre ihre Bedeutung.

Liber 2, cap. 1

Sed[1] quem in locum delatus sim, difficile dictu est. Nam tergo immanis et vastae beluae insidere mihi videbar, quae celerrime curreret. Cuius cum latera clam inspicerem, ut cognoscerem, essetne elephantus an rhinoceros, valde miratus sum eius pedes esse nullos, rotas quattuor. Vehiculum ergo esse dixissem, si equum ullum vidissem; rugitus tamen terribilis audiebatur. Ex[2] quo facillima coniectura collegi sub[3] fronte lamina ferrea contecta tigres leonesve latitare; me[4] autem divinitus a Matre Magna vel a Triptolemo esse servatum, qui mare, caelum, terras caelesti curru pervolans omnes gentes vitae usum cultiorem doceret[5].

difficile dictū: schwer zu sagen (Supin)
tergum,-i *n.*: der Rücken
vāstus, -a, -um: *hier:* riesig
vehiculum, ī *n.*: das Fahrzeug, der Wagen
rota, -ae *f.*: das Rad
rugītus,-ūs *m.*: das Dröhnen
coniectūra, -ae *f.*: die Vermutung
lāmina, -ae *f.*: das Blech, die Platte
tigris, -is *m./f.*: der Tiger
ferreus, -a, -um: eisern
latitāre: sich verbergen
dīvīnitus *(Adv.)*: durch göttliche Eingebung
caelestis, -e: himmlisch

1 *ordne:* Sed difficile dictū est, in quem locum dēlātus sim – **2** Ex quō: *hier*: daraus – **3** *übersetze zunächst ohne Klammer:* sub fronte (lāminā ferreā) contectā – **4** *ergänze*: (collēgī) mē autem . . . esse servātum – **5** docēre *mit dopp. Akk.*

GRUND- UND LERNWORTSCHATZ

immānis, -e	ungeheuerlich, gewaltig
bēlua,-ae *f.*	das wilde Tier
latus, -eris *n.*	der Brustkorb, die Flanke
clam *Adv.*	heimlich
valdē *Adv.*	sehr
colligere, colligō, collēgī, collectum	*hier:* erschließen
contegere, contegō, contēxī, contēctum	verdecken, verbergen
pervolāre	durcheilen

ANALYSE UND INTERPRETATION

2 Stelle die einzelnen Beobachtungen und Vermutungen des Affen über sein Fortbewegungsmittel zusammen.

3 Erkläre, worum es sich wirklich bei dem Ungetüm handelt. Gib Begriffe aus dem Text an, die das verdeutlichen.

4 Erläutere, weshalb der Affe sich das Geschehen so erklären muss, wie er es tut.

Magna Mater bzw. Kybele mit ihren typischen Attributen: Löwe, Mauerkrone, Füllhorn, römische Skulptur um 50 n. Chr.

Links Triptolemos auf seinem Drachenwagen, rechts Persephone, die ein Trankopfer spendet, rotfigurige Schale um 470 v. Chr.

Magna Mater und Triptolemos

Mit *Magna Mater* („Große Mutter") bezeichneten die Römer die phrygische Göttin Kybele, die ursprünglich in Kleinasien als Mutter der Götter, als Beschützerin der Städte und Fruchtbarkeitsgöttin verehrt wurde, bevor ihr Kult um 205 v. Chr. auch nach Rom kam. Auf dem Palatin wurde ihr 191 v.Chr. sogar ein Tempel erbaut. Der Mythologie nach wurde Triptolemos von der griechischen Fruchtbarkeitsgöttin Demeter im Ackerbau unterwiesen und von ihr ausgesandt, um den Menschen diese Kunst beizubringen. Er fuhr auf einem Drachenwagen durch die Lüfte und streute Getreidesamen aus. Verehrt wurde die sagenhafte Gestalt des Triptolemos in Athen und Eleusis.

4 Ein mysteriöser Kult

Nachdem Lucius nach einiger Zeit mit dem Omnibus in Rom herumgekurvt ist, zieht ihn ein Mann namens Don Vitale in ein anliegendes Gebäude und ein Zimmer, in dem für Lucius merkwürdige Dinge vor sich gehen ...

SPRACHLICHE UND INHALTLICHE VORERSCHLIEẞUNG

1 Stelle alle Komparativ- und Superlativformen aus dem Text zusammen und lege bei ihrer Übersetzung besonderes Augenmerk auf die jeweilige Endung.

Liber 2, cap. 2

Vix ego tenebris assueveram, cum[1] in conclavi multos homines vidi sedentes et cistam quandam, ex qua tremula lux exibat, diligentissime religiosissimeque intuentes. Quam[2] dum accuratius inspicio, in ea pusillum[3] quoddam virorum genus currentium et sphaeram nescio quam sectantium cerno. Hanc ad rem mirifice animus meus conversus est, quippe[4] qui religionum atque omnis generis sacrorum cognoscendorum essem cupidissimus. Ceterum mihi manifestum erat sphaeram illam nihil aliud nisi mundi imaginem esse universi. Sed cur numero bis undeni essent viri, et cur diversis vestibus induti essent, nondum perspexeram.

assuēscere, assuēscō, assuēvī, assuētum: sich gewöhnen
conclāve, -is *n.*: das Zimmer
cista -ae *f.*: die Kiste, der Kasten
tremulus, -a, -um: *hier:* flackernd
accūrātus, -a, -um: sorgfältig, genau
pusillus, -a, -um: winzig klein
sphaera, -ae *f.*: die Kugel
sectārī: verfolgen, nachjagen
mīrificē *Adv.*: auf wundersame Art
bis *Adv.*: zweimal
ūndēnī: elf

1 *ordne:* cum (...) multōs hominēs vīdī sedentēs et cistam quandam (...) intuentēs – 2 Quam: *relativer Satzanschluss* – 3 *ordne:* pusillum quoddam genus virōrum currentium et sphaeram nescioquam sectantium cernō – 4 *ordne:* quīppe quī essem cupidissimus religiōnum atque sacrōrum cognoscendōrum

GRUND- UND LERNWORTSCHATZ

tenebrae, -ārum *f. Pl.*	die Dunkelheit
nesciō quī, nesciō quae, nesciō quid	irgendeiner, irgendeine, irgendetwas
quīppe quī	zumal da
manifestus, -a, -um	offenbar, klar
induere, induō, induī, indūtus sum	etw. anziehen
nōndum *Adv.*	noch nicht

ANALYSE UND INTERPRETATION

2 Erschließe, worum es sich bei der geschilderten *cista* handelt, und belege deine These am Text.

3 Beschreibe unter Berücksichtigung der Abbildung und des Infokastens, wofür der Affe als Bote aus der Antike die Menschenansammlung hält. Erläutere die Komik der Szene.

4 Erschließe die mögliche Aussageabsicht des Autors.

5 Stelle aus Infokasten 2 alle Parallelen zwischen Kirch- und Fußballritualen zusammen.

Die cista mystica

Bei einer *cista* (bzw. *cista mystica*) handelte es sich in der Antike um einen Korb oder Kasten, in dem Kultgegenstände oder Kultsymbole aufbewahrt wurden. Diese *cistae* wurden bei den feierlichen Prozessionen etwa für die Götter Demeter oder Dionysos herumgetragen.

Religion und Fußball

„Samstags, pünktlich um 18.00 Uhr, läuten in Deutschland von den Kirchtürmen die Glocken. Ein paar Minuten lang, als würden sie zum Gottesdienst rufen. Doch niemand kommt. Die große Massenbewegung, die zu jener Stunde quer durch die Republik einsetzt, hat ein anderes Ziel: hin zum Wohnzimmersofa, an den Fernseher. Die „Sportschau" fängt an, die Spiele der Fußball-Bundesliga vom Nachmittag werden geboten (...) Umso besser, wenn vergessliche Fußball-Fans von den Kirchtürmen aus pünktlich gemahnt werden zu ihrem wöchentlichen Ritual. Einem Ritual mit „Introitus", dem Einzug ihrer Fußballgötter zur Erkennungsmelodie, dem Aufsagen der Spielpaarungen, dem Gemeinsamen-aus-dem-Sessel-Steigen nach dem Tor, der Kollekte für das Tor des Monats am Telefon, dem Abendmahl aus Bier und Chips – und so weiter, alles getaktet durch die Werbung, dem Dienst am Götzen Mammon. Natürlich ist das nur Zufall mit dem Samstagabendgeläut. Warum die Glocken am Samstag ausgerechnet zur „Sportschau" klingen, dass sie eher profan eigentlich nur den Sonntag einläuten, weiß fast keiner der Sportbegeisterten. Ist auch egal. Es passt jedenfalls." (Quelle: Ulli Kulke, Welt, 26.05.2017)

Diese römische Münze zeigt Pax (die Personifikation des Friedens) und rechts von ihr eine *cista mystica*, aus der zwei Schlangen emporsteigen.

5 Weltsprache Latein

Nach einiger Zeit des Betrachtens der Fußballübertragung zieht Don Vitale den Affen an einen Tisch, an dem ein bärtiger älterer Mann sitzt. Ein Fremdenführer versucht der Reihe nach, auf Englisch, Französisch und Deutsch ein Gespräch mit Lucius zu beginnen, scheitert aber, bis der Affe antwortet, er spräche Latein. Nun springt der ältere Herr begeistert auf und spricht Lucius auf Lateinisch an ...

SPRACHLICHE UND INHALTLICHE VORERSCHLIEẞUNG

1 Wiederhole den Unterschied zwischen attributivem und prädikativem Gerundiv und stelle alle Gerundivformen aus dem Text zusammen.

Liber 2, cap. 3

Effudit inde animi summam laetitiam oratione Ciceroniana: „Diu, mi amice, exspectavi, dum[1] linguam Latinam aliquam utilitatem habere huic meo collegae rebus demonstrare possem. Nam, ut ait Naevius poeta, obliti sunt Romai loquier lingua Latina, usque eo, ut ego tot inter Romanos paene solum esse me putavissem, qui in collegio meo cum nonnullis theologiae studiosis Latinitatem foverem. At nunc demum tu e diverso orbe terrarum venisti et id, quod semper credideram, exemplo mihi comprobasti[2]. Ergo gentes diversissimae, quibus antea nihil commercii[3] fuerit, inter se Latino sermone sociantur. Quo[4] fit, ut Latinitas ad omnia ea efficienda plurimum conferat, quae tibi, mi frater (hoc dixit sacerdoti adulescenti) maxime cordi sunt[5]. Sequitur etiam, ut[6] tibi, summe[7] interpretum, non iam decem vel viginti linguae sint discendae, cum omnes unam linguam discant, unius animi atque pacis optimum vinculum."

effundere, effundō, effūdī, effūsum: *hier:* verströmen
Cicerōniānus, -a,- um: nach der Art Ciceros
ait: er, sie, es sagt
Rōmāī, loquier: vgl. Infokasten 1+2
ūsque eō, ut: bis dahin, dass ...
Latīnitās, -ātis *f.*: das Lateinische, besonders das korrekte Latein
fovēre, foveō, fōvī, fōtum: hegen und pflegen
comprobāre: als richtig bestätigen
cōnferre, cōnferō, contulī, collatum: *hier:* beitragen
sequitur, ut: daraus folgt, dass

1 *ordne:* dum ... huic collēgae meō dēmōnstrāre possem linguam Latīnam aliquam ūtilitātem habēre – 2 comprobāstī = comprobāvistī – 3 nihil commerciī: *Gen. partitivus*: keinerlei Handel – 4 quō fit, u ...: daher kommt es, dass – 5 cordī esse: *Dat. finalis:* am Herzen liegen – 6 ut tibī (...) linguae sint dīscendae: *Dat. auctoris und prädikatives Gerundiv* – 7 summē: *Vokativ von* summus, -a, -um

GRUND- UND LERNWORTSCHATZ

laetitia, -ae *f.*	die Fröhlichkeit, die Freude
ūtilitās, -ātis *f.*	der Nutzen, der Vorteil
collēga, -ae *m.*	der Kollege, der Amtsgenosse
oblīvīscī, oblīvīscor, oblītus sum	vergessen
paene *Adv.*	beinahe, fast
collēgium -ī *n.*	das Kollegium, die Amtsgemeinschaft
studiōsus, -ī *m.*	*hier:* der Student (Grundbedeutung „eifrig" schwingt mit)

dēmum *Adv.*	endlich, erst
dīversus, -a, -um	verschieden
commercium, -ī *n.*	der Handel, der Verkehr
interpres, -etis m.	Der Übersetzer, der Dolmetscher
vinculum, -ī *n.*	das Band

ANALYSE UND INTERPRETATION

2 Erläutere mithilfe von Infokasten 1, was unter einer *ōrātiō Cicerōniāna* zu verstehen ist.

3 Diskutiert nach der Lektüre von Infokasten 2 Sinn und Zweck des intertextuellen Verfahrens.

4 Erkläre das Paradoxon in Z. 5f., dass der ältere Herr unter so vielen Römern kaum Sprecher dieser Sprache findet.

5 Stelle aus dem Text zusammen, welche Qualitäten der ältere Herr der lateinischen Sprache zuschreibt.

Cicero und Naevius

Cicero (106–43 v. Chr.) gilt als der bedeutendste Redner Roms. In jungen Jahren hatte er – nach dem Studium der Rhetorik und Philosophie in Griechenland – den Staranwalt seiner Zeit, Hortensius, in einem aufsehenerregenden Prozess besiegt. Cicero, der neben seinen Reden auch Handbücher über die Redekunst verfasste, war noch eineinhalb Jahrtausende später, in der Zeit der Renaissance und des Humanismus, ein stilistisches Vorbild für viele Schriftsteller.
Naevius (265–201 v. Chr.) war ein römischer Autor, der v.a. durch sein Epos über den Krieg Roms gegen Karthago (*Bellum Punicum*) berühmt wurde. Typisch für seine Sprache sind Archaismen, also Bestandteile eines noch älteren Latein, wie sie sich im Text finden: *Rōmāī* ist die Ursprungsform des Lokativs *Rōmae* („in Rom"), *loquier* der alte Infinitiv für *loqui.*

Intertextualität

Unter Intertextualität versteht man das Verfahren, dass Autoren zitierend aufeinander Bezug nehmen; in der antiken griechischen und römischen Literatur war das gang und gäbe, zeigte es doch die Belesenheit des Verfassers und seine Ehrerbietung vor dem Werk eines Vorgängers. Ein hübsches Beispiel findet sich in diesem Text. Der Verfasser des Märchens und Professor für Latinistik Michael von Albrecht baut in die Rede des älteren Herrn einen Originalvers aus der von dem selbstbewussten Dichter Naevius höchst wahrscheinlich selbst verfassten Grabschrift ein: *obliti sunt Romai loquier lingua Latina.*
Übrigens: Auch eine Form der Intertextualität ist es, wenn der Affe mit seinen sieben Büchlein zu den sieben von Caesar selbst verfassten Büchern *De bello Gallico* ein friedliches Gegenbeispiel liefert.

6 Ein merkwürdiges Liebespaar

Es stellt sich heraus, dass es sich bei dem älteren Herrn um einen Priester namens Pater Norbert aus Deutschland handelt, der dem Lucius einen Besuch in seiner Heimat nahelegt. Und prompt macht sich der Affe auf nach Heidelberg, wo er in den Wäldern über dem Neckar in den Bäumen herumturnt. Eines Nachts wird er von Geräuschen erschreckt . . .

SPRACHLICHE UND INHALTLICHE VORERSCHLIEẞUNG

1 Stelle alle Partiztipformen aus dem Text zusammen und bestimme, ob es sich um ein Partizip Präsens Aktiv oder ein Partizip Perfekt Passiv handelt.

Liber 3, cap. 1

Ibi nocte quâdam, dum in arbore mea dormio, vocibus[1] auditis expergiscor. Inde diligentius subauscultans distinxi[2] adulescentis puellaeque voces inter se colloquentium, et, id quod maxime mirabar, Latine. Quos[3] philologiae classicae esse studiosos, qui exercitationis causa loquerentur Latine, statim videram. Mox[4] tamen eos non modo Latinitatis amore captos esse perspexi; nam puer paulatim ad iura iuranda amatoria transiit.

expergiscī, expergiscor, experrectus sum: aufwachen
subauscultāre: heimlich lauschen
philologia classica: die Klassische Philologie (vgl. Infokasten 1)
Latīnitās, -ātis *f.*: das Lateinische
iūra iūranda amātōria *n. Pl.*: die Liebesschwüre

1 vōcibus audītīs: *Abl. absolutus* – 2 *ordne:* distīnxī vōcēs adulescentis puellaeque inter sē colloquentium (...) Latinē – 3 Quōs: *relativer Satzanschluss* – 4 *ordne:* Mox tamen perspēxī eōs nōn modo Latīnitātis amōre captōs esse

GRUND- UND LERNWORTSCHATZ

quīdam, quaedam, quoddam	ein gewisser, eine gewisse, ein gewisses
dormīre, dormiō, dormīvī, –	schlafen
distinguere, distinguō, distinxī, distinctum	unterscheiden
(col)loquī Latinē	Latein sprechen
causā *nachgestellte Präp. mit Gen.*	um ... willen, wegen
tamen *Adv.*	dennoch
paulātim *Adv.*	allmählich

ANALYSE UND INTERPRETATION

2 Beschreibe die Außergewöhnlichkeit der beschriebenen Situation aus der Sicht des Affen.

3 Das Liebespaar beherrscht die Kunst des *Latine loqui*. Recherchiere, wo diese heute wieder praktiziert wird.

4 Nehmt Stellung zum Sinn dieser Fähigkeit für den Spracherwerb in der heutigen Zeit.

Klassische Philologie

Unter klassischer Philologie (auch Altphilologie) versteht man das wissenschaftliche Studium des überlieferten Schriftgutes der griechischen und römischen Antike. Den ersten Fachbereich nennt man Gräzistik, den zweiten Latinistik. Die Geschichte der Klassischen Philologie entstand schon zu Zeiten der Griechen und setzte sich über das antike Rom, das Mittelalter und die Neuzeit bis in die Gegenwart fort. Mögliche Berufsfelder für Klassische Philologen sind der Schuldienst als Gymnasiallehrer bzw. der Hochschuldienst. In sehr begrenztem Umfang gibt es auch Beschäftigungsmöglichkeiten im Verlags- oder Archivwesen.

7 Affe und Kuh

Der Affe gibt sich dem Felix und der Candida zu erkennen, und hilft beiden, indem er ihnen ein Büchlein namens „Latein aktiv" schenkt, sich mit ihnen zwei Monate jeden Tag auf Latein unterhält und sie so gut in der Sprache schult, dass Candida ihr Staatsexamen mit Bravour schafft. Dann zieht es Lucius zur Erholung hinaus aufs Land ...

SPRACHLICHE UND INHALTLICHE VORERSCHLIEßUNG

1 Stelle alle Präpositionen aus dem Text zusammen und kläre ihre Bedeutung.

Liber 4, cap. 1

Interea, cum iam advesperasceret, ad casam quandam agrestem veni magnis stabulis circumdatam, e quibus armentorum mugitus audiebatur. Quae cum e tecto per fenestellam adapertam inspexissem, vaccas viginti vel triginta vidi, audivique strepitum vinculorum catenarumque crepitantium. E quibus unam, quae mihi videbatur paulo minus[1] hebes ceteris, allocutus: „Nonne[2] te, dixi, quae lacte[3] sis candidior, Inachide pulchrior, cuique sint oculi Iunone digni, desiderium pratorum amoenitatis, florum varietatis, vivorum fontium salubritatis tenet?" Ad[4] quae illa quidem nihil; nisi quod caudam paululum movit, ut muscas abigeret. Iamque me paenitebat sermonis tam urbani colores in vacca perdidisse, cum ore adaperto haud inhumane mugivit et per ruminationis intervalla talia[5] fere edidit:

advesperascit: es wird Abend
mūgītus, -ūs *m.*: das Muhen
fenestella, -ae *f.*: das kleine Fenster
strepitus, -ūs *m.*: der Lärm, das Geklirr
crepitāre: rasseln, klirren
hebes, -etis: stumpf(sinnig)
Inachis, -idis *f.*: Io (vgl. Infokasten 1)
oculī Iūnōne dignī: vgl. Infokasten 2
prātum, -ī *n.*: die Wiese
amoenitās, -ātis *f.*: die Schönheit
salūbritās, -ātis *f.*: die Gesundheit
cauda, -ae *f.*: der Schwanz
muscās abigere, abigō, abēgī, abactum: Mücken verscheuchen
colōrēs, um *m. Pl.: hier:* das Schmuckmittel
perdere in *mit Abl.*: verschwenden an
adaperīre, adaperiō, adaperuī, adapertum: öffnen
mūgīre: brüllen, muhen
rūminātiō, -ōnis *f.*: das Wiederkäuen

1 minus hebes cēterīs: *Abl. comparationis* – 2 *ordne:* Nōnne tē (...) tenet dēsīderium amoenitātis prātōrum, (dēsīderium) varietātis flōrum, (dēsīderium) salūbritātis vīvōrum fontium? – 3 lacte candidior, Inachide pulchrior: *Abl. comparationis* – 4 Ad quae (verba): *relativer Satzanschluss* – 5 *ergänze:* tālia ferē (verba) ēdidit

GRUND- UND LERNWORTSCHATZ

casa,-ae *f.*	die Hütte, das Haus
agrestis, -e	bäuerlich, ländlich
stabulum, -ī *n.*	die Stallung, der Stall
armenta, -ōrum *n. Pl.*	die Herden von Rindvieh
vacca, -ae *f.*	die Kuh
catēna , -ae *f.*	die Kette
paulō minus *Adv.*	(um) etwas weniger
lac, lactis *n.*	die Milch
candidus,-a -um	glänzendweiß
dēsīderium, -i *n.*	die Sehnsucht, das Verlangen
paululum *Adv.*	ein wenig
mē paenitet	es reut mich
urbānus, -a, um	großstädtisch, gebildet

ANALYSE UND INTERPRETATION

2 Stelle aus den Z. 1–7 alle Sinneseindrücke des Affen zusammen.
3 Beschreibe unter Berücksichtigung beider Infokästen die Art der Anrede an die Kuh.
4 Gib die Reaktion der Kuh auf die Worte des Affen wieder.
5 Erschließe mögliche Gründe für ihr Verhalten.

Merkur tötet den hundertäugigen Wächter Argus und befreit die in eine Kuh verwandelte Io, rotfigurige Vasenmalerei, 5. Jh. v. Chr.

Io

Io war die Tochter des Flussgottes Inachos, in die sich der Göttervater Jupiter verliebt hatte und die er vor seiner eifersüchtigen Frau verbergen wollte, indem er seine Geliebte in eine silberglänzende Kuh verwandelte. Das aber bemerkte Juno und verlangte von ihrem Mann die Kuh als Geschenk, was Jupiter nicht ablehnen konnte. Juno führte die in eine Kuh verwandelte Io weg und ließ sie von dem hundertäugigen Wächter Argus bewachen. Jupiter befreite sie, indem er den Götterboten Merkur schickte, der den Argus mit seinem Flötenspiel einschläferte und ihm dann den Kopf abschlug. So konnte Io fliehen. Nach langer Flucht wurde sie von Juno begnadigt und erhielt ihre menschliche Gestalt wieder. In Ägypten wurde Io als Isis verehrt.

Die „kuhäugige“ Juno

Juno (griech. *Hera*) wurde von Homer, dem ersten Dichter des Abendlandes, „kuhäugig“ (griech. βοῶπις) genannt, was keine Beleidigung war, sondern im Gegenteil das Schönheitsideal großer, runder und offener Augen bezeugte.

8 Eine glückliche Kuh?

Nachdem Lucius die Kuh höflich angesprochen hatte, antwortet sie ihm ...

SPRACHLICHE UND INHALTLICHE VORERSCHLIEßUNG

1 Erschließe, auch mithilfe eines Wörterbuchs, welche modernen Dinge hinter folgenden neulateinischen Begriffen stehen: *lux electrica, machinae mulctrices.*

Liber 4, cap. 2

„Ex longinquo mihi, hospes, videris venisse; immo[1] ex diversō te esse stabulō dicerem, si esse alia stabula crederem. Quod ni ita[2] se haberet, hoc genus vitae, quod nobis hoc demum beatissimō saeculō contigisset, et pulcherrimum et amoenissimum esse omnium scires. Nam quid hōc[3] stabulō pulchrius excogitari potest, in quō ipsa vincula strepitu nobis indicant nos demum verae libertatis esse participes: Nonne enim lucis electricae ope e servitute naturae in libertatem vindicatae sumus non amplius curantes sitne dies an nox, aestas an hiems? Deinde quid musica[4] Sebastiani Bachii amoenius, qua[5] cotidie audita ad praebendum lac impellimur? Tum quid[6] his praesepibus lautius, quibus semper pascimur,
quid his machinis mulctricibus purius, quae nos dominio hominum liberant, quid hoc rivo artificioso salubrius, quo, quicquid fecimus fimi, statim abluitur asportaturque?

ex longinquō: von weit her
quod nī: wenn aber nicht
tremulus, -a, -um: *hier:* flackernd
strepitus, -ūs *m.*: der Lärm, das Geklirr
ope *mit Genitiv:* mit Hilfe von etw.
nōn amplius cūrāre: sich nicht weiter kümmern
mūsica, -ae *f.*: die Musik, die Tonkunst (vgl. Infokasten)
praesēpe, -is *n.*: der Stall, die Krippe
lautus, -a, -um: sauber
dominium, -ī *n.*: die Herrschaft
artificiōsus, -a, -um: kunstvoll
fimus, -ī *m.*: der Mist
abluere, abluō, abluī, ablūtum: abwaschen

1 *ordne:* immō dīcerem te ex dīversō stabulō esse, si crēderem esse alia stabula – 2 itā sē habet: so verhält es sich – 3 hōc stabulō pulchrius: *Abl. comparationis* – 4 mūsicā Sebastiānī Bachiī amoenius: *Abl. comparationis* – 5 quā cotīdiē audītā: *verschränkter Relativsatz mit Abl. absolutus*: durch deren tägliches Hören – 6 quid hīs praesēpibus lautius, quid hīs māchinīs mulctrīcibus pūrius, quid hōc rīvō artificiosō salūbrius: *Abl. comparationis*

GRUND- UND LERNWORTSCHATZ

hospes, -itis *m.*	der Gast, der Fremde
contingit	es gelingt, es glückt
amoenus, -a, -um	lieblich
indicāre	anzeigen
particeps, -ipis *mit Gen.*	Anteil habend an
servitūs, -ūtis *f.*	die Knechtschaft
in lībertātem vindicāre	befreien, in Freiheit setzen
cotīdiē *Adv.*	täglich
rīvus, -ī *m.*	der Bach
salūbris, -e	gesund, heilsam
asportāre	wegschaffen

ANALYSE UND INTERPRETATION

2 Gib die Argumente der Kuh der Reihe nach wieder.
3 Stelle alle von der Kuh aufgezählten Stallgerätschaften zusammen und beschreibe, wie sie diese im Einzelnen bewertet.
4 Arbeite die Einstellung der Kuh aus dem Text heraus.
5 Nimm zur Haltung der Kuh Stellung, indem du die These Adornos von der „Verwalteten Welt" (vgl. Infokasten 2) miteinbeziehst.

Johann Sebastian Bach (1685–1750)

Johann Sebastian Bach war ein deutscher Komponist und Musiker der Barockzeit, der als einer der bedeutendsten musikalischen Künstler überhaupt gilt. Seine Werke beeinflussten etliche Komponistengenerationen und inspirierten Musikliebhaber auf der ganzen Welt.

Theodor W. Adorno und die „Verwaltete Welt"

Theodor W. Adorno (1903–1969) war ein berühmter deutscher Philosoph, Soziologe und Musiktheoetiker, der mit Max Horkheimer zu den Hauptvertretern der sog. „Kritischen Theorie" (auch „Frankfurter Schule") zählt. Adornos Kritik der gesellschaftlichen Verhältnisse richtet sich besonders gegen die „Verwaltete Welt" des modernen Kapitalismus, der die Menschen zu kollektiven Stereotypen umfunktioniere und dazu tendiere, Individualität abzuschaffen. Im Rahmen des verordneten Konsums und der organisierten Ausfüllung der arbeitsfreien Zeit „durch Kulturindustrie, Technikbegeisterung und Sport" erfolge eine „restlose Erfassung der Menschen bis in ihr Innenleben hinein".

9 Eine dumme Kuh?

Die Kuh fährt in ihrer Verteidigungsrede des herrlichen Lebens in der Enge des Stalles fort ...

SPRACHLICHE UND INHALTLICHE VORERSCHLIEẞUNG

1 Erkläre den grammatikalischen Unterschied zwischen den beiden Verbformen *lamentata est* (Z. 6) und *affecta est* (Z. 7).

Liber 4, cap. 3

Hic tu mihi nescio quos soles, fontes, caespites narras – de herbae carpendae labore, de aratri servitute, a qua tandem sumus liberatae, taces? Non mehercule vir, sed anus quaedam mihi videris esse, haud dissimilis aviae meae, quae in angulo illo stans usque ad mortem lamentata est – donec propter sermones liberrimo nostro saeculo indignos[1] supplicio dignissimo affecta est. ceterum equidem omnia[2] illa, quae narras – soles, fontes, prata – somnia puto fabulasque neque[3] quicquam[4] veri aut solidi praeter hoc stabulum esse credo."

caespes, -itis *m.*: der Rasenplatz, das Grasland
herba, -ae *f.*: das Kraut
tremulus, -a, -um: *hier:* flackernd
dissimilis, -e: unähnlich
saeculum, -ī *n.*: das Jahrhundert
prātum, -ī *n.*: die Wiese
stabulum, -ī *n.*: der Stall

1 indignus *mit Ablativ* – 2 *ordne:* omnia illa, quae narras, (...) somnia fābulāsque putō – 3 *ordne:* neque crēdō quicquam vērī aut solidī esse praeter hoc stabulum – 4 quicquam vērī et solidī: *Gen. partitivus*

GRUND- UND LERNWORTSCHATZ

nesciō quī, nesciō quae, nesciō quid	irgendeiner, irgendeine, irgendetwas
arātrum, -ī *n.*	der Pflug
mehercule	beim Herkules!
anus, -ūs *f.*	die alte Frau, das alte Weib
avia, -ae *f.*	die Großmutter
angulus, -ī *m.*	der Winkel, die Ecke
lāmentari, lāmentor, lāmentātus sum	schimpfen, sich beschweren
equidem *Adv.*	freilich, allerdings
somnium, -ī *n.*	der Traum, das Traumgespinst
fābula, -ae *f.*	das Märchen
neque quisquam, neque quicquam	und keiner, und nichts
solidus, -a, -um	fest, verlässlich
praeter *Präp. mit Akk.*	außer, mit Ausnahme von

ANALYSE UND INTERPRETATION

2 Gib an, warum die Kuh lieber im Stall bleiben will.
3 Erkläre die deutlich werdende Aggression der Kuh und entwickle aus den Texten ein Gesamtbild ihres Charakters.
4 Beurteile vor diesem Hintergrund die Aussage der Kuh vom *liberrimum nostrum saeculum*.
5 Vergleiche Platons Höhlengleichnis (Infokasten) mit der Situation der Kühe im Stall.
6 Diskutiert, ob die Stallepisode wie das Höhlengleichnis auf Menschen unserer Gegenwart angewandt werden kann.

Das Höhlengleichnis Platons"

In seiner staatsphilosophischen Schrift *Politeia* lässt Platon seinen Lehrer Sokrates das sog. Höhlengleichnis erzählen: In einer Höhle sitzen Menschen, seit ihrer Kindheit so gefesselt, dass sie sich nicht umdrehen können, der Höhlenwand gegenüber. Weit entfernt hinter den Gefesselten brennt ein Feuer. Zwischen ihnen und dem Feuer verläuft ein Weg mit einer niedrigen Mauer, an der Menschen alle möglichen Gegenstände entlang tragen, die über die Mauer herausragen. Diese erscheinen auf der Höhlenwand als belebte Schattenbilder, die die Gefangenen als die Wirklichkeit ansehen. Sie können gar nicht anders, als auch die Worte, die von den Trägern stammen, den Schatten zuzuordnen. Als einer der Gefangenen befreit und aus der Höhle an das gleißende Tageslicht gezerrt wird, kann er zunächst geblendet gar nichts erkennen; allmählich aber gewöhnt sich sein Blick an die Sonne, und er hat Mitleid mit seinen Mitgefangenen, wenn er daran denkt, was sie für Wahrheit und Weisheit erachten.

10 In den Händen eines Ausbeuters

Als Lucius sieht, dass die Kuh unbelehrbar an ihrem eingesperrten Dasein festhalten will, ja sogar noch Freude daran hat, wendet er sich mit Grausen ab, flieht in die freie Natur hinaus und trifft sich zum verabredeten Termin mit Felix am vorher vereinbarten Baum. Der erzählt ihm, was inzwischen vorgefallen ist ...

SPRACHLICHE UND INHALTLICHE VORERSCHLIEẞUNG

1 Erschließe, auch mit Hilfe eines Wörterbuchs, was mit *machinae computatrices* und *cista lucens* gemeint ist.

Liber 5, cap. 1

Hic ille suspirans: „At ego“ inquit „cuncta tibi ordine narrabo. Doloris[1] igitur mei principium fuit, quod quamquam summa cum laude probata tamen magistrae munus adepta non est; quo factum est, ut ad Societatis Societatum Summum Magistrum transiret.” „Quis ille?“ „Video te, Luci, huius terrae non esse civem; ni ita esset, illum non solum omnium hominum esse pessimum scires, sed etiam potentissimum.“ „Regemne an praesidem dicis?“ „Minime. Immo mercatorem atque dominum earum machinarum, quas computatrices Latine appellare possimus. Quarum[2] quae sunt maximae, tanti[3] sunt pretii, ut ne publice quidem emi, sed mercede tantum conduci possint. Quo[4] fit, ut omnium terrarum potentissimus[5] quisque Societatis Magistri arbitrio subiectus atque obnoxius sit.“ „In illius igitur puella negotiis detinetur?“ „Ita est. Ibi a mane ad vesperum sedet, cistae cuidam lucenti inserviens, nil[6] nisi illam intuens, pallido vultu, nullo exhilarata risu.“

suspīrāre: aufseufzen
magistrae mūnus: *hier:* das Lehramt
societās, -ātis *f.*: *hier:* die Handelsgesellschaft
nī: wenn nicht
praeses, -idis *m.*: der Vorsteher, der Präsident
māchina, -ae *f.*: die Maschine
obnoxius, -a, -um: unterworfen, untertan
ā māne: von morgens an
inservīre ≈ servīre
exhilarāre: aufheitern

1 *ordne:* igitur prīncipium meī dolōris fuit, quod (amīca), quamquam summā cum laude probāta (est), tamen magistrae mūnus adepta nōn est – 2 Quārum: *relativer Satzanschluss* – 3 tantī sunt pretiī: *Gen. pretii* – 4 quō fit, ut ...: *daher kommt es, dass* – 5 potentissimus quisque: gerade die Mächtigsten – 6 nīl nisi: nur

GRUND- UND LERNWORTSCHATZ

at *Konj.*	doch, jedoch, aber
inquit	er, sie, es sagt
prīncipium, -ī *n.*	der Anfang
adipiscī, adipiscor, adeptus sum	erreichen, erhalten
pessimus, -a, -um	der schlechteste, die schlechteste, das schlechteste
publicē *Adv.*	öffentlich, allgemein

mercēs, -ēdis *f.*	der Lohn
condūcere, condūcō, condūxī, conductum	mieten, anmieten
arbitrium, -ī ***n.***	die Entscheidungsgewalt, die Willkür
subicere, subiciō, subiēcī, subiectum	unterwerfen
dētinēre, detineō, detinuī, detentum	festhalten
pallidus, -a, -um	bleich, blass

ANALYSE UND INTERPRETATION

2 Erschließe aus dem Text Candidas Traumberuf und ihre Berufsrealität.
3 Stelle aus dem Text alle Charakteristika des *Societatis Societatum Summus Magister* zusammen.
4 Vergleiche diese fiktive Figur mit dem realen Bill Gates (Infokasten).
5 Arbeite Gemeinsamkeiten und Unterschiede zwischen der Kuh im Stall (vgl. Kapitel 7 bis 9) und Candidas Arbeitsplatz heraus.

Bill Gates und Microsoft

„In Sachen Software zeigte Microsoft schon ab 1992 einen zunehmend aggressiveren Stil: Microsoft versuchte nun, seine eigenen Programme so zu konfigurieren und zu verkoppeln, dass die Nutzung von Konkurrenzprodukten, die nicht mit Microsoft kooperierten, erschwert oder sogar verhindert wurde. (...) Die harten Bandagen packte Gates aber nicht wieder ein: Wer ab Mitte der 90er Jahre noch Software in großem Maßstab verkaufen wollte, musste diese auf Windows zuschneiden. (...) Für Microsoft bedeutete das ein enormes Potenzial, den gesamten Markt in seinem Sinne zu lenken. Es entstand ein sich selbst verstärkender Effekt: Weil Windows immer größere Marktanteile eroberte, wuchs die Abhängigkeit kleinerer Softwarefirmen. Weil immer mehr Software für die Windows-Plattform entwickelt wurde, stieg deren Marktanteil ständig. Weil sich Entwicklungen für kleinere Plattformen immer weniger lohnten, entstand immer mehr auf Windows zugeschnittene Software – und so weiter, bis Microsoft satt über 90 Prozent des weltweiten Betriebssystemmarktes beherrschte. Bill Gates, der ewig jungenhafte Chef des Konzerns, hatte damit keinerlei Probleme – er war die treibende Kraft, der Mann mit den spitzen Ellenbogen. Sein Image veränderte sich rapide: Aus dem kecken Burschen (...) wurde der reichste Mann der Welt – ein Tycoon [engl. Form des jap. Taikun – großer Gebieter], von immer mehr Konkurrenten wie Kooperationspartnern gefürchtet."
(Quelle: Frank Patalong, Abhängigkeit als Strategie, managermagazin, 27.06.2008)

11 Kartenspiel mit dem Teufel

Lucius hört voller Entsetzen von Felix, dass Candida in ihrer Not ihre Seele an den Unternehmer verkauft hat. Nun schmieden beide einen Plan: Da der Unternehmer jeden Sonntag Karten spielt, soll Felix gegen ihn um Candida spielen. Da der Firmeninhaber, wie Felix weiß, ein Liebhaber alter Münzen ist, schenkt Lucius Felix als Spieleinsatz die bronzene, silberne und goldene Münze, die er als Wegegeld von seinem Freund Atticus mitbekommen hat. Die beiden ersten Kartenspiele und zwei von drei Münzen verliert Felix an den Unternehmer. So kommt es zum dritten und entscheidenden Spiel um die Goldmünze …

SPRACHLICHE UND INHALTLICHE VORERSCHLIEẞUNG

1 Erschließe aus den ersten Zeilen, wer hier spricht.

Liber 6, cap. 1

At ille: „Hodie tibi, domine, aliquid pluris committendum erit. Nihil enim aliud posco, nisi ut omnes animae liberentur et ut me successorem unicum nomines.“ Quibus ille aures vix praebens et aureum illum iam spe devorans et ludendi[1] cupidissimus et duabus[2] victoriis reportatis vincendi certissimus: „Posce“ ait „quidquid vis; mihi[3] hoc nummo opus est.“ Et quamquam cogitatione praecipiebat sese omnium eorum, qui nummos coacervant, fore beatissimum, ludebat tamen solita et constantia et calliditate et sollertia. Iamque Felix deficere animo coeperat, cum – id quod mihi postea narravit – e paginis ei dulce arrisit Regina Crucis mirum in modum carissimae illius puellae imaginem reddens. Qua arrepta adulescens: „Signo tuo, domina, vincam.“ Dixit chartamque in mensam coniecit. Ex quo conversa res est, usque eo, ut Felix tandem victor exsisteret.

pluris committere, committō, commīsī, commissum: einen höheren Preis aufs Spiel setzen
successor, -ōris *m.*: der Nachfolger
aureus, -ī *m.*: die Goldmünze
cōgitātiōne praecipere, praecipiō, praecēpī, praeceptum: gedanklich vorwegnehmen
coacervāre: anhäufen
cum *Konj.: hier:* als plötzlich
arrīdēre, arrīdeō, arrīsī, arrīsum: zulächeln
Rēgīna Crucis: die Kreuzdame (Spielkartenmotiv, vgl. Abbildung)
charta, -ae *f.: hier:* die Spielkarte

1 lūdendī cupidissimus, vincendī certissimus: *Adj. mit Gerundium im Gen.* – 2 duābus victōriīs reportātīs: *Abl. absolutus* – 3 mihī opus est *mit Abl.*: ich habe etwas nötig

GRUND- UND LERNWORTSCHATZ

hodiē *Adv.*	heute
poscere, poscō, poposcī, postulātum	fordern
ūnicus, -a, -um	einzig, alleinig
aurēs praebēre	Gehör schenken, zuhören
dēvorāre	verschlingen
nummus, -ī *m.*	die Münze
fore	= futūrum esse
solitus, -a, -um	gewohnt
calliditās, -ātis *f.*	die Verschlagenheit, die Listigkeit
sollertia, -ae *f.*	die Geschicklichkeit
animō dēficere	mutlos werden
pāgina, -ae *f.*	die Seite (eines Buches)
reddere, reddō, reddidī, redditum	wiedergeben, spiegeln
arripere, arripiō, arripuī, arreptum	an sich reißen
ūsque eō, ut	bis dahin, das ...

ANALYSE UND INTERPRETATION

2 Nenne den Spieleinsatz, den Felix dem Unternehmer vorschlägt.

3 Beschreibe anhand der Z. 4–7 die Gefühlslage des Unternehmers.

4 Erkläre, wie und wodurch es zum Umschwung des Spiels kommt, und belege deine Aussagen am Text.

5 Erläutere das märchenhafte Moment der Z. 12f.

Die Kreuzdame bringt für Felix schließlich die schicksalhafte Wendung beim Kartenspiel.

12 Die List des bösen Unternehmers

Nach seinem Sieg fordert Felix die vereinbarte Freigabe seiner Freundin Candida von dem Unternehmer. Der aber will sich nicht an sein Versprechen halten ...

SPRACHLICHE UND INHALTLICHE VORERSCHLIEßUNG

1 Gib jeweils an, welche Verben du im folgenden Text bei den Doppelpunkten selbstständig ergänzen musst.

Liber 7, cap. 1

Cui poscenti, ut promissa darentur, Magister ridens: „Equidem etiamsi vellem," ait „animas liberare non possem." At ille: „Num adeo expers potestatis es?" Ad quae Magister: „Audi", inquit „amice, quam callidus sim. Non enim ego animas liberare possum, sed[1] ipsae. Cuius tamen rei condiciones adeo difficiles sunt, ut nemo iis stare possit." Tum puer: „Quae tandem sunt? Nam ne ipse quidem nosse eas videris!" At ille irritatus: „Novi vero! Nam satis est, ut sua quisque machina haec verba scribat 'Liber sum'." Ad quae adulescens: „Quid[2] hōc simplicius!" Senex autem: „Tamen huic rei difficultatem quandam inesse dico, quae superari non possit." Hic Felix: „Talia quivis garrire potest." Ad quae iratus ille magna voce clamavit: „Sane vero! Nam illa verba sermone Latino scribi oportet; et te, adulescens, scire puto in illa lingua utenda inter genus masculinum et femininum distinguendum esse. Quo[3] fit, ut quisque Latinae grammaticae peritus esse debeat; quod[4] nequaquam fieri potest, cum, ut in omnibus gymnasiis lingua Latina disci desita sit, ego perfecerim."

prōmissa dāre, dō, dedī, datum: die Versprechen einlösen
cista -ae *f.*: die Kiste, der Kasten
stāre, stō, stetī, statum *mit Abl.*: einer Sache treu bleiben
nōsse = nō(vi)sse
irrītātus: zum Zorn gereizt
garrīre: daherschwätzen
perītus, -a, um *mit Gen.*: erfahren in etw.

1 *ergänze:* sed ipsae (sē līberare possunt) – 2 Quid hōc simplicius: *Abl. comparationis* – 3 quō fit, ut ...: daher kommt es, dass – 4 *ordne:* quod nēquāquam fierī potest, cum egō perfēcerim, ut in omnibus gymnasiīs lingua Latīna dīscī dēsita sit

GRUND- UND LERNWORTSCHATZ

etiamsī	auch wenn
anima, -ae *f.*	die Seele
adeō *Adv.*	so sehr
expers, -tis *mit Gen.*	frei von etwas, ohne etwas
callidus, -a, -um	schlau, verschlagen
condiciō, -ōnis *f.*	die Bedingung
difficultās, -ātis *f.*	die Schwierigkeit
quīvīs, quaevīs, quidvīs	jeder beliebige
distinguere, distinguō, distinxī, distinctum	unterscheiden
nēquāquam *Adv.*	keineswegs
dēsinere, dēsinō, dēsiī, dēsitum	aufhören mit

ANALYSE UND INTERPRETATION

2 Gib den listigen Plan des Unternehmers wieder, mit dem er sich um seine Spielschulden drücken will.
3 Arbeite seine besondere Bosheit unter Berücksichtigung des Inhalts der Z. 19f. heraus.
4 Diskutiert nach der Lektüre des Infokastens, ob das Eingreifen des Unternehmers in den Lehrplan der Schule ein bloßes Märchenmotiv ist.
5 Nehmt Stellung zu dem Ziel globaler Wirtschaftseliten, eine einheitliche Bildung für alle durchzusetzen.

Vereinheitlichung der Bildung im Namen der Globalisierung

„Die Vielsprachigkeit ist heute ein strukturelles Hindernis für die Bildung von Humankapital, da sie Schüler und Studenten zwingt, viel Zeit mit dem Eintauchen in verschiedene Kulturen zu ‚verschwenden', Zeit, die dann für die schnellstmögliche Aneignung technischer Kompetenzen fehlt, mit denen man sich in der zunehmend homogenisierten globalen Wissensgesellschaft behaupten kann, die nur eine Sprache spricht: die englische."
(Quelle: Richard Münch, Globale Eliten, lokale Autoritäten. Bildung und Wissenschaft unter dem Regime von PISA, McKinsey & Co', Frankfurt a. M. 2009, S. 36.)

13 Die Gegenlist des Affen

Die Dreistigkeit des Firmeninhabers und schlechten Verlierers bringt Lucius auf die Palme: Er entwickelt einen Plan zur Befreiung Candidas und der übrigen Angestellten ...

SPRACHLICHE UND INHALTLICHE VORERSCHLIEẞUNG

1 Ziehe aus der Personenendung der Verben Rückschlüsse, wer der Haupthandlungsträger dieses Textabschnitts ist.

Liber 7, cap. 2

Hic ego, cum satis audivissem, statim avolavi; nam tempus erat, ut institutionem incoharem. Iam in aula maxima me taciturna multitudo exspectabat, suam quisque machinam intuentes, immotis vultibus pallidisque. Quo cum intravissem: „Antequam, sodales," dixi „ad exercitia corporis animique relaxandi accedamus, agite[1] nervos omnes contendamus; scribam enim duo enuntiata in tabula nigra. Quorum[2] prius a mulieribus, alterum a viris sua quaque machina describenda sunt, et quidem diligentissime." Et praescripsi primum mulieribus haec: LIBERA SUM. Deinde viris: LIBER SUM: Quibus[3] verbis ab omnibus accuratissime exscriptis vultus[4] mutari omnium cerneres[5]. Nam pallor rubore atque calore suffusus, labrorum torpor dulcissimo dissolutus est risu.

āvolāre: wegfliegen, davonfliegen
institūtiō, -ōnis *f.*: die Unterweisung
taciturnus, -a, -um: schweigsam
exercitium, -ī *n.*: die Übung, die Ertüchtigung
ēnūntiātum, -ī *n.*: der Satz
accurātus, -a, -um: sorgfältig, genau
exscrībere, exscrībō, exscrīpsī, exscrīptum: abschreiben
suffūsus (est): ist durchströmt worden
torpor, -ōris *m.*: die Starre, das Erstarrtsein
rīsus, -ūs *m.*: das Lachen

1 *ergänze:* agite, (ut) nervōs omnēs contendāmus – 2 Quōrum: *relativer Satzanschluss, bezogen auf* duō ēnūntiāta – 3 Quibus verbīs ... exscrīptīs: *Abl. absolutus* – 4 *ordne:* cernerēs vultūs omnium mūtārī – 5 cernerēs: *Potentialis der Vergangenheit:* du hättest sehen können

GRUND- UND LERNWORTSCHATZ

satis *Adv.*	genug
incohāre	beginnen
āvolāre	davoneilen
aula, -ae *f.*	die Halle
pallidus, -a, -um	bleich, blass
sodālis, -is *m.*	der gute Freund, der Kamerad
relaxāre	entspannen
nervus, -ī *m.*	der Muskel
pallor, -ōris *m.*	die Blässe
rubor, -ōris *m.*	die Röte
calor, -ōris *m.*	die Wärme
labra, -ōrum *n.*	die Lippen

ANALYSE UND INTERPRETATION

2 Gib wieder, unter welchem Vorwand der Affe vor die Belegschaft des Unternehmens tritt (vgl. auch Infokasten).
3 Erläutere seine List anhand der Z. 7–11.
4 Beschreibe und erkläre die Veränderungen, die mit den Mitarbeitern in den Z. 13f. vor sich gehen.

Betriebssport

„Betriebssport ist wieder angesagt. Immer mehr Unternehmen setzen aufgrund des Fachkräftemangels und demografischen Wandels auf ein betriebliches Gesundheitsmanagement. Immer älter werdende Belegschaften sollen schließlich gesund bleiben – und da ist Sport ein wichtiger Baustein. Bei den Beschäftigten ist Betriebssport aber nur bedingt beliebt. Traditionellerweise hat die sportliche Betätigung mit Kollegen in Westdeutschland ein besseres Image als in den ostdeutschen Bundesländern. Der Zwang zur körperlichen Ertüchtigung in volkseigenen Betrieben wirke noch nach, auch wenn die Teilnahme am Betriebssport heute freiwillig sei."
(Quelle: Tatjana Kimmel-Fichtner, Fitness mit Kollegen, DIE ZEIT, 11.10.2012)

Sport im Büro. Gymnastikübungen sollen den Kreislauf wieder in Schwung bringen.

14 Die Befreiung

Der Plan des Lucius ist aufgegangen …

SPRACHLICHE UND INHALTLICHE VORERSCHLIEẞUNG

1 Stelle alle Adverben aus dem Text zusammen, egal ob im Grundform oder Komparativ.

Liber 7, cap. 3

Tum vero omnibus exsilientibus et inter se familiariter atque hilare amplexantibus machinasque deserentibus haec fere dixi: „Eamus[1], amici, foras; ego autem in conclave magistri ibo, in quo Felicem illum, qui vos liberavit, inveniam.“ Quo[2] nomine audito una e puellis exclamavit: „Duc, o duc me, ut illum amplectar, cuius quomodo tam diu oblita sim, nescio.“

Wenig später trifft Lucius auf Felix:

Tum Felix surrexit et ad me propius accedens: „Te“, dixit „Luci, omnium hominum animaliumque suffragiis SIMIUM LIBERATOREM nomino.“ Cui ego: „Equidem nihil egi; id tantum simiarum more imitatus sum, quod hominis officium est teste[3] Cicerone: Homines enim ad deos nulla re propius accedunt quam salutem[4] hominibus dando. Nolite igitur sperare vos ex indignissimis simultatibus summaque hominum dissimilitudine per simiae imitationem perventuros esse ad summam hominis similitudinem.“

exsilīre: aufspringen
amplexārī: sich umarmen
conclāve, -is *n.*: das Zimmer
sīmius, -ī *m.*: der Affe; die seltenere maskuline Form Sīmius wird in dieser Erzählung als Gentilnomen verwendet (Praenomen: Lūcius; Gentilnomen: Sīmius; Cognomen: Līberator), die reguläre weibliche Form, wo das Tier gemeint ist.
sīmia, -ae *f.*: der Affe
salūtem dāre alicuī: jdm. helfen
dissimilitūdō, -inis *f.*: die Unähnlichkeit
simultās, -ātis *f.*: die Feindschaft, die Rivalität

1 eāmus: lasst uns gehen!: *Hortativ* – 2 Quō nōmine audītō: *Abl. absolutus* – 3 teste Cicerōne: *Abl. absolūtus*; Cicero: römischer Redner und Politiker (106 – 43 v. Chr.) – 4 salūtem dandō: *Gerundium im Abl. mit Erweiterung*

GRUND- UND LERNWORTSCHATZ

hilaris, -e	heiter, fröhlich
fere *Adv.*	fast, ungefähr
forās *Adv.*	hinaus
amplectī, amplector, amplexus sum	umarmen
oblivisci, obliviscor, oblītus sum *mit Gen.*	vergessen
propius *Adv.*	näher
suffrāgium, -ī *n.*	die Abstimmung, die Stimme
testis, -is *m.*	der Zeuge

ANALYSE UND INTERPRETATION

2 Erkläre, weshalb Felix dem Affen den Ehrentitel *LIBERATOR* verleiht.
3 Der Affe zitiert wörtlich einen Satz aus einer Rede Ciceros, *Pro Ligario*, Kap. 38: *Homines enim ad deos nulla re propius accedunt, quam salutem hominibus dando.* Erläutere, worin Cicero und der Affe die wahre Größe des Menschen sehen.
4 Analysiere, was der Affe unter *indignissimae simultates* (Z. 16) und einer *summa hominum dissimilitudo* (Z. 16f.) versteht. Berücksichtige dazu auch den Infokasten.
5 Nimm Stellung zu den von Edinger aufgestellten Thesen.

Konkurrenzgesellschaft

Wirtschaftliche Ausbeutung, Krieg und (der aus ihnen resultierende) Terrorismus sind Ergebnisse eines entwertenden Geistes, der suggeriert, dass nicht Kooperation, sondern Konkurrenz das Prinzip des Lebens sei und daher das Leben ein Kampf sei, in dem entschieden wird, wer die besseren und wer die schlechteren Menschen seien, und in dem im Darwin'schen Sinne eben nur die Sieger (fittest) überleben können, weshalb man dann auch kein schlechtes Gewissen haben muss, wenn die Verlierer nicht überleben. Dieses Bild der Konkurrenz als Prinzip des menschlichen Lebens durchdringt immer stärker alle Lebensbereiche und ist insbesondere die Grundlage der gesamten Weltwirtschaft mit ihrem Leitthema der „Wettbewerbsfähigkeit".
(Quelle: Manfred Edinger, Der Geist von Orlando, Blogeintrag, 20.06.2016)

15 Das Schlusswort des Affen

Nach dem Happy End verlässt Lucius quasi nach erfüllter Mission die Erde wieder in Richtung himmlische Gefilde der Seligen. Am Ende seines Berichts über seine Abenteuer als Affe hinterlässt er der Welt sein Vermächtnis ...

SPRACHLICHE UND INHALTLICHE VORERSCHLIEßUNG

1 Recherchiere, was mit dem *senatus Heidelbergensium* gemeint ist.

Liber 7, cap. 4

Iamque munere perfunctus meo beatorum insulas repetam vobis, mi Attice, omnia narraturus; quae tamen ne[1] somniasse puter, litteris[2] perscripta professori divulganda Arido trado. Nummorum autem[3] quod superest meorum tuorumve, Attice, senatui Heidelbergensium lego, ut in ipso Pontis Antiqui aditu imaginem meam ponant.

mūnere perfungī: eine Aufgabe erledigen
insulae beātōrum: vgl. Kap. 2, Infokasten 3
professor Āridus: vgl. Infokasten 2
dīvulgāre: veröffentlichen, bekannt machen
-ve *Konj.*: oder
Pōns Antīquus: die ‚Alte Brücke' in Heidelberg

1 ne ... puter: damit man nicht glaubt, ich hätte ... – 2 *ordne:* litterīs perscripta professōrī Āridō dīvulganda trādō – 3 *ordne:* quod autem nummōrum meōrum tuōrumve superest, Attice, (id) senātuī Heidelbergensium lēgō

GRUND- UND LERNWORTSCHATZ

repetere, repetō, repetīvī, repetītum	*hier:* wieder aufsuchen
somniāre	erträumen, im Schlaf ausdenken
nummus, -ī *m.*	die Münze
superesse, supersum, superfuī, -	übrig sein
lēgāre	(als Erbe) vermachen
aditus, -ūs *m.*	*hier:* der Zugang
imāgō, -inis *f.*	das Bild, das Abbild

ANALYSE UND INTERPRETATION

2 Gib an, welche zwei Vermächtnisse der Affe der Nachwelt hinterlässt. Berücksichtige dazu auch Kap. 1.
3 Erkläre, wie der Autor in diesem Text Wirklichkeit und Phantasie miteinander verschmilzt.
4 Latinisiert gegenseitig eure Nachnamen nach dem Vorbild des Infokastens und macht euch so zu neuzeitlichen Gelehrten.
5 Diskutiert nach Abschluss der Lektüre des Märchens, ob der Affe wie sein Vorbild auf der Heidelberger Brücke seinen Zeitgenossen den Spiegel der Selbsterkenntnis vorhält.

Die „Alte Brücke“ in Heidelberg und ihr Aufgang mit dem Brückenaffen

Der Heidelberger Brückenaffe

Die Geschichte des Heidelberger Brückenaffen reicht bis ins 15. Jahrhundert zurück. Bereits zu dieser Zeit befand sich die Steinplastik eines Affen im Brückenturm, der allerdings mitsamt der Figur durch Kriegseinwirkungen zerstört wurde. Kurfürst Karl Theodor hatte 1788 beim Neubau der zerstörten Brücke das Wahrzeichen des Affen nicht mehr berücksichtigt, bis im Jahre 1979 der Bildhauer Gernot Rumpf den von den Heidelbergern vermissten Brückenaffen in Bronze wiederauferstehen ließ. Er hält den Vorübergehenden den Spiegel der Selbsterkenntnis vor Augen und bis heute befindet sich neben dem Affen das auf ihn gemünzte Gedicht Martin Zeillers aus dem 17. Jahrhundert: „Was thustu mich hie angaff en? Hastu nicht gesehen den alten Affen zu Heydelberg / Sich dich hin und her / Da findestu wol meines gleichen mehr.“
Der Heidelberger Brückenaffe ist der Titelheld des lateinischen Märchens *De simia Heidelbergensi* geworden, welches du nun in Auszügen kennengelernt hast.

Die Latinisierung von Personennamen

Die Latinisierung von Personennamen war vor allem bei Gelehrten des Humanismus und der Renaissance beliebt; einmal aus praktischen Gründen, da nichtlateinische Namen in ihren auf Latein verfassten Schriften nur mit Mühe eingebaut werden konnten, zum anderen, um ihrem Namen höheres Prestige zu verleihen. Dazu gab es drei Möglichkeiten: Entweder man fügte ein lateinisches Suffix an (so wird aus Carl von Linné Carolus Linnaeus) oder man strengte eine sinngemäße Übersetzung des Nachnamens bzw. seiner einzelnen Bestandteile an (so wird Bauer zu Agricola, Müller zu Molitor, Goldschmidt zu Aurifaber) oder man latinisierte den Herkunftsnamen (so wurde aus Johannes Müller aus Königsberg *Regiomontanus*). Der Verfasser des lateinischen Märchens vom Heidelberger Affen, Professor Michael von Albrecht, wohnt in Sandhausen bei Heidelberg. Und so latinisierte er seinen Namen entsprechend als *professor Aridus* (von *arena*, ‚Sand‘).

Vokabular

Grund- und Lernwortschatz in alphabetischer Reihenfolge

A

adeō *Adv.*	so sehr	12
adipīsci, adipīscor, adeptus sum	erreichen, erhalten	10
aditus, -ūs *m.*	der Zugang	15
agrestis, -e	bäuerlich, ländlich	7
amoenus, -a, -um	lieblich	8
amplectī, amplector, amplexus sum	umarmen	14
angulus, -ī *m.*	der Winkel, die Ecke	9
anima, -ae *f.*	die Seele	12
animō dēficere	mutlos werden	11
anus, -ūs *f.*	die alte Frau, das alte Weib	9
arātrum, -ī *n.*	der Pflug	9
arbitrium, -ī *n.*	die Entscheidungsgewalt, die Willkür	10
armenta, -ōrum *Pl. n.*	die Herden von Rindvieh	7
arripere, arripiō, arripuī, arreptum	an sich reißen	11
asportāre	wegschaffen	8
at	doch, jedoch	10
aula, -ae *f.*	die Halle	13
aurēs praebēre	Gehör schenken, zuhören	11
avia, -ae *f.*	die Großmutter	9
āvolāre	davoneilen	13

B

bēlua,-ae *f.*	das wilde Tier	3

C

calliditās, -ātis *f.*	die Verschlagenheit, die Listigkeit	11
callidus, -a, -um	schlau, verschlagen	12
calor, -ōris *m.*	die Wärme	13
candidus,-a -um	glänzendweiß	7
casa,-ae *f.*	die Hütte	7
catēna , -ae *f.*	die Kette	7
causā *nachgestellte Präp. mit Genitiv*	um ... willen, wegen	6
collēga, -ae *m.*	der Kollege, der Amtsgenosse	5
collēgium -ī *n.*	das Kollegium, die Amtsgemeinschaft	5
commercium, -ī *n.*	der Handel, der Verkehr	5
condiciō, -ōnis *f.*	die Bedingung	12
condūcere, condūcō, condūxī, conductum	mieten, anmieten	10

contegere, contegō, contexī, contectum	verdecken, verbergen	3
contingit	es gelingt, es glückt	8
cotīdiē *Adv.*	täglich	8

D

dēmum *Adv.*	endlich, erst	5
dēsīderium, -ī *n.*	die Sehnsucht, das Verlangen	7
dēsinere, dēsinō, dēsiī, dēsitum	aufhören mit	12
dētinēre, dētineō, dētinuī, dētentum	festhalten	10
dēvorāre	verschlingen	11
difficultās, -ātis *f.*	die Schwierigkeit	12
diū	lange	1
distinguere, distinguō, distinxī, distinctum	unterscheiden	6, 12
dīversus, -a, -um	verschieden	5
dominium, -ī *n.*	die Herrschaft	8
dormīre, dormiō, dormīvī	schlafen	6
dubitāre	zögern, zweifeln	1

E

equidem *Adv.*	freilich, allerdings	9
etiamsī	auch wenn	12
exemplum, -ī *n.*	das Beispiel	1
expers, -tis *mit Genitiv*	frei von etwas, ohne etwas	12

F

fābula, -ae *f.*	das Märchen	9
ferē *Adv.*	fast, ungefähr	14
forās *Adv.*	hinaus	14
fore	futurum esse	11

H

hilaris, -e	heiter, fröhlich	14
hodiē *Adv.*	heute	11
hospes, -itis *m.*	der Gast, der Fremde	8

I

imāgō, -inis *f.*	das Bild, das Abbild	15
immānis, -e	ungeheuerlich, gewaltig	3
īmmō	im Gegenteil, ja sogar	2
incohāre	beginnen	13
indicāre	anzeigen	8
induere, induō, indūtum	etwas anziehen	4
in lībertātem vindicāre	in Freiheit setzen	8
inquit	er, sie, es sagt	10

inservīre	dienen	10
interpres, -etis *m.*	der Ausdeuter, der Dolmetscher	5
itā sē habet	so verhält es sich	8

L

labra, -ōrum *n.*	die Lippen	13
lac, lactis *n.*	die Milch	7
laetitia, -ae *f.*	die Fröhlichkeit, die Freude	5
lāmentārī, lāmentor, lāmentātus sum	schimpfen, sich beschweren	9
latera, -erum *Pl. n.*	der Brustkorb, die Flanke	3
lautus, -a, -um	sauber	8
lēgāre	(als Erbe) vermachen	15

M

manifestus, -a, -um	offenbar, klar	4
mehercule	beim Herkules!	9
memoria	die Erinnerung	1
mē paenitet	es reut mich	7
mercēs, -ēdis *f.*	der Lohn	10
meridiēs, -ēī *m.*	der Süden	2

N

nēquāquam *Adv.*	keineswegs	12
neque quisquam, neque quicquam	und keiner, und nichts	9
nervus, -ī *m.*	der Muskel	13
nesciō qui, nesciō quae, nesciō quid	irgendeiner, irgendeine, irgendetwas	4, 9
nōndum *Adv.*	noch nicht	4
nummus, -ī *m.*	die Münze	15
nūper	neulich	1

O

oblīvīscī, oblīvīscor, oblītus sum *mit Genitiv*	vergessen	5, 14
occidens, -entis *m.*	der Westen	2
oriens, -entis *m.*	der Osten	2

P

paene *Adv.*	beinahe, fast	5
pāgina, -ae *f.*	die Seite (eines Buches)	11
pallidus, -a, -um	bleich, blass	10
pallor, -ōris *m.*	die Blässe	13
particeps, -ipis *mit Genitiv*	Anteil habend an ...	8
partim ... partim	teils ... teils	2
paulātim *Adv.*	allmählich	6
paulō minus *Adv.*	(um) etwas weniger	7
paululum *Adv.*	ein wenig	7

pervolāre	durcheilen	3
pessimus, -a, um	der schlechteste	10
poscere, poscō, poposcī, postulātum	fordern	11
praesertim cum ...	besonders weil ja ...	2
praeter *mit Akkusativ*	außer, mit Ausnahme von	9
prīncipium, -ī *n.*	der Anfang	10
prōdere, prōdō, prōdidī, prōditum	überliefern, hinterlassen	1
propius *Adv.*	näher	14
publicē *Adv.*	öffentlich, allgemein	10

Q

quīdam	ein gewisser	6
quippe quī	zumal da	4
quīvīs	jeder beliebige	12

R

reddere, reddō, reddidī, redditum	wiedergeben, spiegeln	11
relaxāre	entspannen	13
repetere, repetō, repetīvī, repetītum	*hier:* wieder aufsuchen	15
rīvus, -ī *m.*	der Bach	8
rubor, -ōris *m.*	die Röte	13

S

saeculum, -ī *m.*	das Jahrhundert	2
salūbris, -e	gesund, heilsam	8
satis *Adv.*	genug	13
servitūs, -ūtis *f.*	die Knechtschaft	8
simultās, -ātis *f.*	die Feindschaft, die Rivalität	14
sodālis, -is *m.*	der Freund, der Kamerad	13
solidus, -a, -um	fest, verlässlich	9
solitus, -a, -um	gewohnt	11
sollertia, -ae *f.*	die Geschicklichkeit	11
somniāre	erträumen, im Schlaf ausdenken	15
somnium, -ī *n.*	der Traum, das Traumgespinst	9
stabulum, -ī *n.*	die Stallung, der Stall	7
studiōsus, -ī *m.*	*hier:* der Student	5
subicere, subiciō, subiēcī, subiectum	unterwerfen	10
suffrāgium, -ī *n.*	die Abstimmung, die Stimme	14
superesse, supersum, superfuī	übrig sein	15

T

tamen *Adv.*	dennoch	6
tenebrae, -arum *Pl. f.*	die Dunkelheit	4
testis, -is *m.*	der Zeuge	14

U

ūnicus, -a, -um	einzig, alleinig	11
urbānus, -a, um	großstädtisch, gebildet	7
ūsque eō, ut	bis dahin, da …	11

V

vacca, -ae *f.*	die Kuh	7
valdē *Adv.*	sehr	3
vērō	aber	1
vinculum, -ī *n.*	das Band	5
vīvere, vīvō, vīxī, victum	leben	2